LES

SOURCES DE LA RIVIÈRE DE ROBEC

ET

L'ALIMENTATION D'EAU POTABLE

DE LA

VILLE DE ROUEN.

———⌘———

ROUEN

IMPRIMERIE DE E. CAGNIARD,

Rues de l'Impératrice, 66, et des Basnage, 5.

—

1864.

LES SOURCES

DE LA

RIVIÈRE DE ROBEC

ET L'ALIMENTATION D'EAU POTABLE

DE LA VILLE DE ROUEN

———— ·◦◯◦· ————

A Monsieur Benjamin DURÉCU, *Président du Comité des
Eaux de Darnétal.*

Monsieur le Président,

La Commission que vous avez nommée pour rechercher si
les nombreuses sources qui se trouvent à Darnétal, au bas de
la côte de Saint-Jacques, sont assez abondantes pour alimenter la ville de Rouen sans qu'il soit besoin de prendre les
sources de Robec, peut aujourd'hui vous répondre que la
chose est très possible.

Elle ne s'est pas contentée de sa propre appréciation, elle a pris l'avis de personnes compétentes, qui ont été unanimes pour affirmer qu'une machine à vapeur placée sur ces sources mêmes fournirait à la ville de Rouen la quantité d'eau dont elle a besoin.

Pour obtenir ce résultat, il y a deux choses à faire : la première est de réunir ces sources au moyen d'un travail de captage ; la seconde d'y établir une machine à vapeur qui, prenant l'eau par aspiration, en augmenterait considérablement le débit et l'élèverait à la hauteur qu'on voudra.

Le travail que nous proposons est facile à exécuter ; il exige peu de dépenses, et le résultat en est certain. Pour atteindre ce résultat, il suffit de faire les travaux de captage qui sont de peu d'importance et d'aspirer l'eau avec des pompes mises en mouvement par une locomobile ; on verra alors que les sources de Saint-Jacques qui fournissent aujourd'hui à écoulement libre une quantité d'eau considérable, peuvent à elles seules alimenter la ville de Rouen.

Si l'Administration municipale de Rouen refuse de faire cette expérience, qui n'entraînerait que peu de frais et aurait l'avantage de l'édifier sur le volume d'eau que ces sources pourraient rendre, les riverains de Robec ne devront pas hésiter à la faire, afin de prouver, si le besoin l'exige, que la ville de Rouen peut s'alimenter d'eau potable sans prendre les sources de Robec.

Il nous serait facile de signaler, soit dans notre vallée, soit dans celle de Maromme, d'autres sources qui pourraient fournir à la ville de Rouen l'eau qu'elle réclame ; mais celles que nous indiquons ayant l'avantage d'être au niveau de la place Saint-Hilaire, nous les croyons préférables, parce qu'il y aurait moins de travaux à exécuter pour élever l'eau dans les hauts quartiers de la ville.

Votre Commission a pensé que puisqu'il est prouvé que la ville de Rouen peut s'alimenter d'eau potable sans prendre les sources de Robec, c'est pour elle un devoir de le faire sans recourir à une mesure qui entraînerait la ruine de notre vallée.

Nous ne pouvons croire que la ville de Rouen se refuse à reconnaître que les machines à vapeur sont le moyen le plus simple pour assurer son alimentation d'eau et que ce moyen satisfait tous les intérêts.

Nous pourrions nous appuyer d'un grand nombre de faits pour prouver que les machines à vapeur sont utilement employées pour élever l'eau et en alimenter les villes. Nous n'en citerons que deux qui sont concluants.

La ville de Saint-Germain-en-Laye en a établi, il y a environ trente ans, une de la force de 25 chevaux. Loin de le regretter, cette pompe étant devenue insuffisante pour satisfaire les besoins de 557 abonnés qui lui paient 37,500 fr. par an (chiffre considérable pour le peu d'importance de sa population), elle brave, pour en établir une seconde d'une force double (50 chevaux), la très vive opposition que lui fait la ville du Pecq.

MM. Windsor père et fils, constructeurs de machines à vapeur à Rouen, qui ont déjà alimenté d'eau plusieurs villes par ce procédé, viennent encore d'en alimenter deux tout récemment, Roubaix et Tourcoing.

Quoique la distance qui les sépare de la prise d'eau exigeât une canalisation de quatorze kilomètres de long, elles sont parfaitement alimentées aujourd'hui, et depuis plus d'un an que fonctionnent leurs machines, il n'y a pas eu un seul instant d'arrêt.

MM. Windsor, que nous avons consultés, nous ont dit qu'ils se chargeraient de construire des machines à vapeur pour la ville de Rouen, si celle-ci jugeait à propos de s'adresser à eux, et qu'ils prendraient envers elle tous les engagements de responsabilité possibles. Ils assurent que la dépense totale de ces machines, non compris les frais de canalisation dans la ville, ne dépasserait pas 350,000 fr.

Nous savons que Rouen a besoin d'eau; aussi nous ne voulons pas lui faire une opposition déraisonnable. Ce que nous demandons, *c'est que les intérêts de notre vallée ne soient pas sacrifiés quand on peut faire autrement.* Si la ville de Rouen persiste dans sa résolution, lors même qu'il lui est démontré qu'elle commettrait une injustice en ne tenant aucun compte des intérêts d'une ville de six mille âmes et de toute une vallée industrielle, *sous le seul prétexte que les machines à vapeur sont peu aptes à élever l'eau,* les habitants de la vallée de Darnétal et la ville toute entière devront réclamer l'appui de l'Administration supérieure, en faisant ressortir dans un mémoire détaillé toutes les considérations relatives au présent et à l'avenir, qui prouvent que notre vallée ne peut se passer de son eau, déjà insuffisante à ses besoins.

Une chose digne de remarque, et qui à elle seule devrait suffire pour éloigner toute idée de prendre une partie des sources de Robec, c'est l'état actuel de cette rivière; l'eau a constamment baissé depuis quelques années, et la vase a augmenté dans une proportion considérable; elle augmenterait encore si on diminuait le débit de ses eaux.

La rivière de Robec, par suite de la lenteur avec laquelle elle coule, surtout en été, répand déjà une odeur infecte; que serait-ce donc si ses eaux se trouvaient encore diminuées de moitié?

Si l'on prenait une partie des sources de Robec, il faudrait augmenter le nombre des curages qui, dans l'état actuel des choses, entraînent déjà des frais bien assez considérables pour les riverains ; de plus, ces travaux de curage, en troublant l'eau, mettraient, momentanément du moins, une partie des industriels dans l'impossibilité de s'en servir ; la vase déposée sur les berges aurait encore le double inconvénient de gêner la circulation, et en altérant la salubrité de l'air, de compromettre la santé publique.

La chose est très sérieuse, et l'intérêt sanitaire des habitants de Darnétal comme du quartier Saint-Hilaire mérite d'être pris en quelque considération.

S'il survenait dans la vallée de Robec de sérieuses épidémies, comme malheureusement on en a vu, l'opinion publique, à tort ou à raison, n'hésiterait pas à en imputer la cause à la quantité insuffisante d'eau laissée dans la rivière.

Des personnes étrangères à ce qui se pratique dans la vallée de Darnétal, conseillent comme moyen d'empêcher l'amas de la vase dans la rivière de Robec, dans le cas où le débit de ses eaux serait diminué, d'en rétrécir le lit pour augmenter la rapidité de son cours. Ces personnes ne réfléchissent pas que la largeur de la rivière dans son état actuel est à peine suffisante quand il vient de grandes pluies ou lors de la fonte des neiges. Rétrécir le lit serait certainement exposer notre vallée à des inondations fréquentes et périodiques.

A ces raisons si concluantes on pourrait encore en ajouter beaucoup d'autres, et particulièrement l'impossibilité où se trouveraient les propriétaires riverains d'irriguer leurs propriétés, comme ils ont toujours pu le faire.

De toutes ces considérations et de tous ces renseignements réunis, il résulte clairement pour nous, monsieur le Président, que la ville de Rouen peut parfaitement, si elle le veut, s'alimenter d'eau sans prendre les sources de Robec, et nous ne pouvons qu'insister de toutes nos forces auprès de vous, pour vous prier d'employer tous les moyens possibles pour les conserver.

Si la ville de Rouen ne voulait pas comprendre que dans cette question ses intérêts sont les mêmes que ceux de la vallée de Darnétal, il ne resterait à ceux-ci d'autre ressource que de recourir aux mesures juridiques pour empêcher qu'on ne diminue le volume d'eau de leur rivière.

La Commission, qui possède déjà un très remarquable mémoire de M. Brunier, ingénieur, dans lequel il dit : *Que c'est par les machines à vapeur que la ville de Rouen doit s'alimenter d'eau*, vous remet aujourd'hui la copie textuelle d'un nouveau mémoire rédigé par M. Delahayes, ingénieur à Rouen, qui a étudié les sources du Roule, au bas de la côte Saint-Jacques, et celles qui les avoisinent.

Agréez, monsieur le Président, l'assurance de notre respectueuse considération.

Les membres de la Commission,

Lucien FROMAGE, François LAMY, BENNER.

NOTE

SUR

L'ALIMENTATION D'EAU

DE LA VILLE DE ROUEN

Au moyen des Sources de la côte Saint-Jacques.

———◆━◗◯◖━◆———

Du jour où la ville de Rouen crut devoir prendre en sérieuse considération le projet de dérivation des sources de
Fontaine-sous-Préaux, une émotion profonde se produisit au
sein de la vallée de Darnétal, ainsi menacée de voir lui
échapper un des éléments les plus solides de sa prospérité.

Ce n'était point là une émotion factice, causée par la sur-
prise ou l'irréflexion ; car, aujourd'hui encore, elle est aussi
vive qu'aux premiers jours du projet. Aujourd'hui, comme
aux premiers jours, les industriels de la vallée de Darnétal
sont persuadés que l'exécution du projet rouennais serait

pour leur riche vallée une véritable calamité publique. On a tout dit pour justifier cette opinion parfaitement fondée, selon nous, et nous croyons inutile de rappeler une fois de plus les considérations victorieuses apportées à l'appui de cette thèse : elles sont trop graves pour n'avoir pas frappé, autant qu'elles le devaient, l'Administration municipale de Rouen, si directement intéressée à la prospérité industrielle des vallées qui l'avoisinent.

Cependant, nous voyons aujourd'hui la ville de Rouen, écartant les autres projets à elle présentés par diverses personnes, faire un pas en avant dans l'exécution de ses desseins et signer un traité provisoire avec une compagnie anglaise. Pour agir ainsi, il a fallu que la ville de Rouen crût obéir à des considérations de premier ordre. C'est la valeur de ces considérations que nous nous proposons de rechercher et de discuter respectueusement au besoin.

Quelques mots d'historique sur les projets rejetés par la ville de Rouen sont ici nécessaires.

Les industriels de Darnétal, menacés dans leurs intérêts les plus chers, comprirent, dès le premier jour, qu'un grand fait dominait toute la question : *Rouen n'a pas assez d'eau, et il lui faut de toute nécessité s'en procurer*. Il était à craindre que, sous l'empire de cette nécessité, l'Administration municipale de Rouen ne fût pas d'humeur à s'arrêter devant des considérations morales et juridiques, quelle que fût leur gravité. Ils se mirent donc résolument à l'œuvre pour trouver un moyen de concilier les besoins de la ville de Rouen avec leurs propres intérêts. Ce fut alors qu'au prix de sacrifices matériels considérables ils encouragèrent les études de forage dans la carrière de M. Madoulé, pour la recherche d'une nappe aquifère sous le plateau de Boisguillaume. L'eau fut trouvée. Mais la ville de Rouen ne crut pas devoir prendre ce projet en considération ; sans doute que les frais qu'il y avait à faire étaient trop considérables.

Un projet de dérivation de la rivière de Maromme fut également présenté à la ville ; nous n'en parlerons pas davantage, ignorant les détails de ce projet.

Enfin, au début même de cette question des eaux, un des ingénieurs les plus autorisés de notre ville, M. Brunier, dans un mémoire très remarquable, faisait ressortir les nombreux inconvénients du projet, au point de vue des intérêts de la ville de Darnétal, et développait également avec une grande force les difficultés juridiques que ce projet pourrait rencontrer dans son exécution. Il donnait en même temps les bases d'un projet d'alimentation qui peut se résumer ainsi :
1° Affecter l'eau des sources actuelles de la ville à la satis-

faction exclusive des besoins domestiques ; 2° compléter la quantité d'eau nécessaire à la ville par de l'eau de Seine élevée à la hauteur convenable par des machines à vapeur.

Pourquoi ce projet très séduisant n'a-t-il pas été adopté ? Faut-il croire, comme un certain nombre de personnes sont disposées à l'admettre, que l'Administration municipale de Rouen ne veut, à aucun prix, entendre parler de machines à vapeur pour faire son service d'alimentation ?

Nous ne le pensons pas ; les machines à vapeur ont fait trop souvent leurs preuves dans le cas spécial de l'alimentation des villes, pour qu'aucune personne raisonnable puisse reculer devant l'emploi de ce moyen, quand, d'ailleurs, les autres conditions nécessaires pour un projet satisfaisant d'alimentation, c'est-à-dire qualité d'eau et économie, se trouvent réalisées. Nous pensons donc qu'il faut rechercher ailleurs que dans l'emploi des machines à vapeur les causes qui ont pu entraîner la commission municipale à rejeter le projet proposé par M. Brunier. Ainsi, le projet de M. Brunier n'accorde à chaque habitant que 23 litres d'eau de source en vingt-quatre heures, quand les ingénieurs de la ville de Paris ont admis le chiffre de 50 litres comme nécessaire. Nous ne prétendons point décider la question entre M. Brunier et les hydrauliciens de la ville de Paris, mais nous concevons que la commission municipale ait pu craindre que la quantité d'eau de source fournie par le projet Brunier ne fût un peu restreinte.

En outre, le projet de M. Brunier exige une double canalisation sur toute la surface de la ville, l'une pour l'eau de source et l'autre pour l'eau de Seine ; sans doute, comme le dit M. Brunier, il y aurait de grands avantages pratiques à séparer la distribution privée de la distribution publique, mais il n'en est pas moins vrai que cette double canalisation entraînerait un surcroît de frais très considérable.

Nous nous proposons maintenant d'exposer un projet qui nous paraît à l'abri des deux objections que l'on peut adresser au projet de M. Brunier.

Ce projet consisterait à capter, par des travaux convenables, les sources avoisinant la source du Roule et à les décharger pour augmenter leur débit, au moyen d'une machine à vapeur. Cette machine à vapeur enverrait les eaux (par une conduite placée dans l'aqueduc déjà existant) à un bassin situé quelque part vers Saint-Hilaire, à la côte de 35 mètres. Ce bassin desservirait les bas quartiers, tandis qu'une seconde machine à vapeur puiserait dans ce bassin la quantité d'eau nécessaire à l'alimentation des hauts quartiers. Nous conservons, comme on voit, l'idée très heureuse de M. Brunier de la séparation de P..en en deux zônes.

Par suite du niveau où se trouve la source du Roule, il suffirait de 52 chevaux de force pour faire tout le service, savoir : 36 chevaux sur la source et 16 chevaux pour le service des hauts quartiers. Le projet Brunier exige 80 chevaux ; il y a donc de ce fait une économie annuelle de 14,000 fr. sur le charbon consommé. D'ailleurs la totalité des dépenses de ce projet n'atteindrait certes pas 550,000 fr. Notre projet est donc plus économique que le projet Brunier, puisque nous n'avons pas besoin d'une double canalisation dans l'intérieur de la ville.

Une seule objection peut être faite à ce projet, c'est la crainte que les sources de la côte St-Jacques ne soient pas capables de débiter la quantité d'eau dont la ville a besoin. Nous croyons qu'avec des travaux de captage peu importants et l'abaissement artificiel du plan d'eau des sources que nous proposons, on serait assuré d'obtenir toute la quantité d'eau nécessaire. Aussi pensons-nous que la ville de Rouen devrait faire exécuter ce travail.

Rouen, 8 septembre 1864.

DELAHAYES.

Rouen. — E. Cagniard.

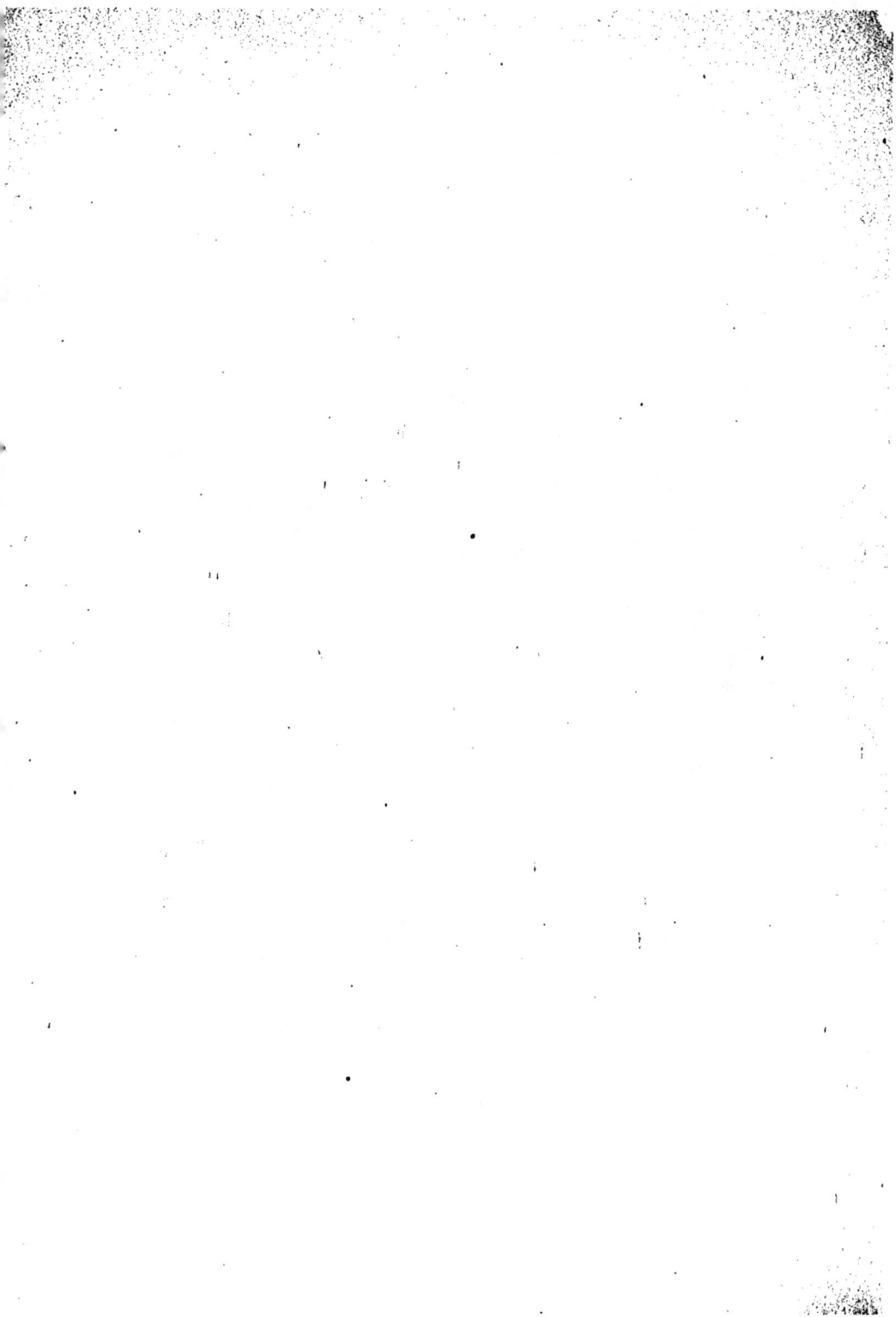

www.ingramcontent.com/pod-product-compliance
Lightning Source LLC
Chambersburg PA
CBHW060727280326

41933CB00013B/2575